SESSION NOTEBOOK

DETAILS

Name : _______________________________

Phone : _______________________________

Email : _______________________________

Address : _______________________________

NOTES

NAME	CONTRACT NO.	SESSION	NOTES	PAGE

CLIENT DETAILS

NAME	CONTRACT NO.	SESSION	NOTES	PAGE

CLIENT DETAILS

NAME	CONTRACT NO.	SESSION	NOTES	PAGE

CLIENT DETAILS

NAME	CONTRACT NO.	SESSION	NOTES	PAGE

CLIENT DETAILS

NAME	CONTRACT NO.	SESSION	NOTES	PAGE

DATE: ___/___/___   START TIME: ___:___   SESSION NO: ________

CLIENT NAME: ____

OBJECTIVE: ____

SESSION TALKING POINTS	KEY POINTS FROM PREVIOUS SESSION

NOTES: ____

____

____

____

____

____

____

____

____

____

____

____

CONCERNS	RECOMMENDATIONS

DATE: ___ / ___ / ___   **START TIME:** ___ : ___   **SESSION NO:** _______

CLIENT NAME: ____

OBJECTIVE: ____

SESSION TALKING POINTS	KEY POINTS FROM PREVIOUS SESSION

NOTES: ____

NOTES: ______________________________

____

____

____

____

____

CLIENT ACTIONS:

✔ ______________________________   ✔ ______________________________

✔ ______________________________   ✔ ______________________________

✔ ______________________________   ✔ ______________________________

CONCERNS	RECOMMENDATIONS

COMMENTS:

____

____

NEXT SESSION TOPIC:

✔ ______________________________   ✔ ______________________________

✔ ______________________________   ✔ ______________________________

✔ ______________________________   ✔ ______________________________

NEXT SESSION DATE: ____/____/____   **END TIME:** ____:____

DATE: ___ / ___ / ___   START TIME: ___ : ___   SESSION NO: _______

CLIENT NAME: ____

OBJECTIVE: ____

SESSION TALKING POINTS	KEY POINTS FROM PREVIOUS SESSION

NOTES: ____

CONCERNS	RECOMMENDATIONS

NEXT SESSION DATE: ___/___/___

END TIME: ___:___

DATE: ___ / ___ / ___   **START TIME:** ___ : ___   **SESSION NO:** ________

CLIENT NAME: ____

OBJECTIVE: ____

SESSION TALKING POINTS	KEY POINTS FROM PREVIOUS SESSION

NOTES: ____

____

____

____

____

____

____

____

____

____

____

____

____

____

____

____

____

____

____

✔ _______________________ ✔ _______________________

✔ _______________________ ✔ _______________________

✔ _______________________ ✔ _______________________

CONCERNS	RECOMMENDATIONS

____

____

✔ _______________________ ✔ _______________________

✔ _______________________ ✔ _______________________

✔ _______________________ ✔ _______________________

NEXT SESSION DATE: ____/____/____   **END TIME:** ____:____

DATE: ___ / ___ / ___   **START TIME:** ___ : ___   **SESSION NO:** _______

CLIENT NAME: ____

OBJECTIVE: ____

SESSION TALKING POINTS	KEY POINTS FROM PREVIOUS SESSION

NOTES: ____

____

____

____

____

____

____

____

____

____

____

NOTES:

CLIENT ACTIONS:

- ✔ ____________________________
- ✔ ____________________________
- ✔ ____________________________

- ✔ ____________________________
- ✔ ____________________________
- ✔ ____________________________

CONCERNS	RECOMMENDATIONS

COMMENTS:

NEXT SESSION TOPIC:

- ✔ ____________________________
- ✔ ____________________________
- ✔ ____________________________

- ✔ ____________________________
- ✔ ____________________________
- ✔ ____________________________

NEXT SESSION DATE: ____ / ____ / ____   **END TIME:** ____ : ____

DATE: ___ / ___ / ___   **START TIME:** ___ : ___   **SESSION NO:** ________

CLIENT NAME: ____

OBJECTIVE: ____

SESSION TALKING POINTS	KEY POINTS FROM PREVIOUS SESSION

NOTES: ____

____

____

____

____

____

____

____

____

____

____

____

____

____

____

____

____

____

CLIENT ACTIONS:

✔ _____________________________   ✔ _____________________________

✔ _____________________________   ✔ _____________________________

✔ _____________________________   ✔ _____________________________

CONCERNS	RECOMMENDATIONS

COMMENTS:

____

____

NEXT SESSION TOPIC:

✔ _____________________________   ✔ _____________________________

✔ _____________________________   ✔ _____________________________

✔ _____________________________   ✔ _____________________________

NEXT SESSION DATE: ___/___/___   **END TIME:** ___:___

DATE: ___ / ___ / ___   **START TIME:** ___ : ___   **SESSION NO:** _______

CLIENT NAME: ____

OBJECTIVE: ____

SESSION TALKING POINTS	KEY POINTS FROM PREVIOUS SESSION

NOTES: ____

____

____

____

____

____

____

____

____

____

____

____

CONCERNS	RECOMMENDATIONS

DATE: ___ / ___ / ___   **START TIME:** ___ : ___   **SESSION NO:** ________

CLIENT NAME: ____

OBJECTIVE: ____

SESSION TALKING POINTS	KEY POINTS FROM PREVIOUS SESSION

NOTES: ____
____
____
____
____
____
____
____
____
____
____
____
____
____

NOTES:

____

____

____

____

____

CLIENT ACTIONS:

- ✔ _______________________
- ✔ _______________________
- ✔ _______________________
- ✔ _______________________
- ✔ _______________________
- ✔ _______________________

CONCERNS	RECOMMENDATIONS

COMMENTS:

____

____

NEXT SESSION TOPIC:

- ✔ _______________________
- ✔ _______________________
- ✔ _______________________
- ✔ _______________________
- ✔ _______________________
- ✔ _______________________

NEXT SESSION DATE: ____/____/____   **END TIME:** ____:____

DATE: ___/___/___   **START TIME:** ___:___   **SESSION NO:** ________

CLIENT NAME: ____

OBJECTIVE: ____

SESSION TALKING POINTS	KEY POINTS FROM PREVIOUS SESSION

NOTES: ____

CLIENT ACTIONS:

✔ ____________________________   ✔ ____________________________

✔ ____________________________   ✔ ____________________________

✔ ____________________________   ✔ ____________________________

CONCERNS	RECOMMENDATIONS

COMMENTS:

NEXT SESSION TOPIC:

✔ ____________________________   ✔ ____________________________

✔ ____________________________   ✔ ____________________________

✔ ____________________________   ✔ ____________________________

NEXT SESSION DATE: ____/____/____   **END TIME:** ____:____

DATE: ___/___/___   **START TIME:** ___:___   **SESSION NO:** _______

CLIENT NAME: ____

OBJECTIVE: ____

SESSION TALKING POINTS	KEY POINTS FROM PREVIOUS SESSION

NOTES: ____

DATE: ___/___/___   **START TIME:** ___:___   **SESSION NO:** _______

CLIENT NAME: ____

OBJECTIVE: ____

SESSION TALKING POINTS	KEY POINTS FROM PREVIOUS SESSION

NOTES: ____

CONCERNS	RECOMMENDATIONS

DATE: ___ / ___ / ___   **START TIME:** ___ : ___   **SESSION NO:** ________

CLIENT NAME: ____

OBJECTIVE: ____

SESSION TALKING POINTS	KEY POINTS FROM PREVIOUS SESSION

NOTES: ____

____

____

____

____

____

____

____

____

____

____

____

____

CONCERNS	RECOMMENDATIONS

NEXT SESSION DATE: ____/____/____   END TIME: ____:____

DATE: ___ / ___ / ___   **START TIME:** ___ : ___   **SESSION NO:** ________

CLIENT NAME: ____

OBJECTIVE: ____

SESSION TALKING POINTS	KEY POINTS FROM PREVIOUS SESSION

NOTES: ____

____

____

____

____

____

____

____

____

____

____

____

____

____

____

____

____

____

____

CLIENT ACTIONS:

- ✔ _______________________ ✔ _______________________
- ✔ _______________________ ✔ _______________________
- ✔ _______________________ ✔ _______________________

CONCERNS	RECOMMENDATIONS

COMMENTS:

____

____

NEXT SESSION TOPIC:

- ✔ _______________________ ✔ _______________________
- ✔ _______________________ ✔ _______________________
- ✔ _______________________ ✔ _______________________

NEXT SESSION DATE: ___ / ___ / ___   **END TIME:** ___ : ___

DATE: ___ / ___ / ___   START TIME: ___ : ___   SESSION NO: _______

CLIENT NAME: ____

OBJECTIVE: ____

SESSION TALKING POINTS	KEY POINTS FROM PREVIOUS SESSION

NOTES: ____
____
____
____
____
____
____
____
____
____
____
____
____
____

NOTES: ____

____

____

____

____

____

CLIENT ACTIONS:

- ✔ _______________________________
- ✔ _______________________________
- ✔ _______________________________

- ✔ _______________________________
- ✔ _______________________________
- ✔ _______________________________

CONCERNS	RECOMMENDATIONS

COMMENTS:

____

____

NEXT SESSION TOPIC:

- ✔ _______________________________
- ✔ _______________________________
- ✔ _______________________________

- ✔ _______________________________
- ✔ _______________________________
- ✔ _______________________________

NEXT SESSION DATE: ____/____/____   **END TIME:** ____:____

DATE: ___ / ___ / ___ **START TIME:** ___ : ___ **SESSION NO:** ______

CLIENT NAME: ______________________________

OBJECTIVE: ______________________________

SESSION TALKING POINTS	KEY POINTS FROM PREVIOUS SESSION

NOTES: ______________________________

CLIENT ACTIONS:

✔ _______________________________   ✔ _______________________________

✔ _______________________________   ✔ _______________________________

✔ _______________________________   ✔ _______________________________

CONCERNS	RECOMMENDATIONS

COMMENTS:

____

____

NEXT SESSION TOPIC:

✔ _______________________________   ✔ _______________________________

✔ _______________________________   ✔ _______________________________

✔ _______________________________   ✔ _______________________________

NEXT SESSION DATE: ____/____/____   **END TIME:** ____:____

DATE: ___ / ___ / ___   **START TIME:** ___ : ___   **SESSION NO:** ________

CLIENT NAME: ____

OBJECTIVE: ____

SESSION TALKING POINTS	KEY POINTS FROM PREVIOUS SESSION

NOTES: ____

____

____

____

____

____

____

____

____

____

____

____

____

____

CONCERNS	RECOMMENDATIONS

COMMENTS:

NEXT SESSION DATE: ___/___/___   **END TIME:** ___:___

DATE: ___/___/___   **START TIME:** ___:___   **SESSION NO:** ______

CLIENT NAME: ____

OBJECTIVE: ____

SESSION TALKING POINTS	KEY POINTS FROM PREVIOUS SESSION

NOTES: ____

CLIENT ACTIONS:

✔ ____ ✔ ____

✔ ____ ✔ ____

✔ ____ ✔ ____

CONCERNS	RECOMMENDATIONS

COMMENTS:

NEXT SESSION TOPIC:

✔ ____ ✔ ____

✔ ____ ✔ ____

✔ ____ ✔ ____

NEXT SESSION DATE: ____/____/____   **END TIME:** ____:____

DATE: ___/___/___   START TIME: ___:___   SESSION NO: ________

CLIENT NAME: ____

OBJECTIVE: ____

SESSION TALKING POINTS	KEY POINTS FROM PREVIOUS SESSION

NOTES: ____

____

____

____

____

____

____

____

____

____

____

____

____

____

CONCERNS	RECOMMENDATIONS

SESSION TALKING POINTS	KEY POINTS FROM PREVIOUS SESSION

NOTES: ____________________

NOTES:

CLIENT ACTIONS:

- ✔ _______________________
- ✔ _______________________
- ✔ _______________________

- ✔ _______________________
- ✔ _______________________
- ✔ _______________________

CONCERNS	RECOMMENDATIONS

COMMENTS:

NEXT SESSION TOPIC:

- ✔ _______________________
- ✔ _______________________
- ✔ _______________________

- ✔ _______________________
- ✔ _______________________
- ✔ _______________________

NEXT SESSION DATE: ____/____/____   **END TIME:** ____:____

DATE: ___ / ___ / ___   **START TIME:** ___ : ___   **SESSION NO:** _______

CLIENT NAME: _______________________________________

OBJECTIVE: ____

SESSION TALKING POINTS	KEY POINTS FROM PREVIOUS SESSION

NOTES: ____

CONCERNS	RECOMMENDATIONS

DATE: ___ / ___ / ___   **START TIME:** ___ : ___   **SESSION NO:** ________

CLIENT NAME: ____

OBJECTIVE: ____

SESSION TALKING POINTS	KEY POINTS FROM PREVIOUS SESSION

NOTES: ____

____

____

____

____

____

____

____

____

____

____

____

____

CONCERNS	RECOMMENDATIONS

DATE: ___/___/___   **START TIME:** ___:___   **SESSION NO:** _______

CLIENT NAME: ____

OBJECTIVE: ____

SESSION TALKING POINTS	KEY POINTS FROM PREVIOUS SESSION

NOTES: ____
____
____
____
____
____
____
____
____
____
____
____
____
____

CONCERNS	RECOMMENDATIONS

DATE: ___/___/___   **START TIME:** ___:___   **SESSION NO:** _______

CLIENT NAME: ____

OBJECTIVE: ____

SESSION TALKING POINTS	KEY POINTS FROM PREVIOUS SESSION

NOTES: ____

DATE: ___/___/___   START TIME: ___:___   SESSION NO: ________

CLIENT NAME: ____

OBJECTIVE: ____

SESSION TALKING POINTS	KEY POINTS FROM PREVIOUS SESSION

NOTES: ____
____
____
____
____
____
____
____
____
____
____
____
____

NOTES:

____

CLIENT ACTIONS:

✔ _______________________ ✔ _______________________

✔ _______________________ ✔ _______________________

✔ _______________________ ✔ _______________________

CONCERNS	RECOMMENDATIONS

COMMENTS:

____

NEXT SESSION TOPIC:

✔ _______________________ ✔ _______________________

✔ _______________________ ✔ _______________________

✔ _______________________ ✔ _______________________

NEXT SESSION DATE: ____ / ____ / ____   **END TIME:** ____ : ____

DATE: ___ / ___ / ___   **START TIME:** ___ : ___   **SESSION NO:** _______

CLIENT NAME: ____

OBJECTIVE: ____

SESSION TALKING POINTS	KEY POINTS FROM PREVIOUS SESSION

NOTES: ____

CONCERNS	RECOMMENDATIONS

 ___/___/___   ___:___

DATE: ___/___/___   **START TIME:** ___:___   **SESSION NO:** ______

CLIENT NAME: ____

OBJECTIVE: ____

SESSION TALKING POINTS	KEY POINTS FROM PREVIOUS SESSION

NOTES: ____

✔ _______________________   ✔ _______________________

✔ _______________________   ✔ _______________________

✔ _______________________   ✔ _______________________

CONCERNS	RECOMMENDATIONS

✔ _______________________   ✔ _______________________

✔ _______________________   ✔ _______________________

✔ _______________________   ✔ _______________________

NEXT SESSION DATE: ___ / ___ / ___   **END TIME:** ___ : ___

DATE: ___/___/___   **START TIME:** ___:___   **SESSION NO:** ________

CLIENT NAME: ______________________________________

OBJECTIVE: ____

SESSION TALKING POINTS	KEY POINTS FROM PREVIOUS SESSION

NOTES: ____

____

____

____

____

____

____

____

____

____

____

____

CONCERNS	RECOMMENDATIONS

NEXT SESSION DATE: ___/___/___   **END TIME:** ___:___

DATE: ___ / ___ / ___   **START TIME:** ___ : ___   **SESSION NO:** _______

CLIENT NAME: _________________________________

OBJECTIVE: _________________________________

SESSION TALKING POINTS	KEY POINTS FROM PREVIOUS SESSION

NOTES: _________________________________

CONCERNS	RECOMMENDATIONS

DATE: ___ / ___ / ___   **START TIME:** ___ : ___   **SESSION NO:** _______

CLIENT NAME: ____

OBJECTIVE: ____

SESSION TALKING POINTS	KEY POINTS FROM PREVIOUS SESSION

NOTES: ____

NOTES:

CLIENT ACTIONS:
✔
✔
✔
✔
✔
✔

CONCERNS	RECOMMENDATIONS

COMMENTS:

NEXT SESSION TOPIC:
✔
✔
✔
✔
✔
✔

NEXT SESSION DATE: ___/___/___   END TIME: ___:___

DATE: ___ / ___ / ___   START TIME: ___ : ___   SESSION NO: ________

CLIENT NAME: ____

OBJECTIVE: ____

SESSION TALKING POINTS	KEY POINTS FROM PREVIOUS SESSION

NOTES: ____

____

____

____

____

____

____

____

____

____

____

____

____

____

NOTES: ____

____

____

____

____

____

CLIENT ACTIONS:

✔ ________________________ ✔ ________________________

✔ ________________________ ✔ ________________________

✔ ________________________ ✔ ________________________

CONCERNS	RECOMMENDATIONS

COMMENTS:

____

____

NEXT SESSION TOPIC:

✔ ________________________ ✔ ________________________

✔ ________________________ ✔ ________________________

✔ ________________________ ✔ ________________________

NEXT SESSION DATE: ____/____/____   **END TIME:** ____:____

DATE: ___ / ___ / ___   START TIME: ___ : ___   SESSION NO: ________

CLIENT NAME: ____

OBJECTIVE: ____

SESSION TALKING POINTS	KEY POINTS FROM PREVIOUS SESSION

NOTES: ____

✔ _______________________   ✔ _______________________
✔ _______________________   ✔ _______________________
✔ _______________________   ✔ _______________________

CONCERNS	RECOMMENDATIONS

✔ _______________________   ✔ _______________________
✔ _______________________   ✔ _______________________
✔ _______________________   ✔ _______________________

NEXT SESSION DATE: ___/___/___   **END TIME:** ___:___

DATE: ___ / ___ / ___   **START TIME:** ___ : ___   **SESSION NO:** ________

CLIENT NAME: ____

OBJECTIVE: ____

SESSION TALKING POINTS	KEY POINTS FROM PREVIOUS SESSION

NOTES: ____

____

____

____

____

____

____

____

____

____

____

____

____

NOTES: ____

____

____

____

____

____

CLIENT ACTIONS:

✔ ___________________________   ✔ ___________________________

✔ ___________________________   ✔ ___________________________

✔ ___________________________   ✔ ___________________________

CONCERNS	RECOMMENDATIONS

COMMENTS:

____

____

NEXT SESSION TOPIC:

✔ ___________________________   ✔ ___________________________

✔ ___________________________   ✔ ___________________________

✔ ___________________________   ✔ ___________________________

NEXT SESSION DATE: ___/___/___   **END TIME:** ___:___

DATE: ___ / ___ / ___ **START TIME:** ___ : ___ **SESSION NO:** ______

CLIENT NAME:

OBJECTIVE:

SESSION TALKING POINTS	KEY POINTS FROM PREVIOUS SESSION

NOTES:

CONCERNS	RECOMMENDATIONS

DATE: ___ / ___ / ___   **START TIME:** ___ : ___   **SESSION NO:** ________

CLIENT NAME: ____

OBJECTIVE: ____

SESSION TALKING POINTS	KEY POINTS FROM PREVIOUS SESSION

NOTES: ____

NOTES: ______________________________________

____

____

____

____

____

CLIENT ACTIONS:

✔ _____________________________   ✔ _____________________________

✔ _____________________________   ✔ _____________________________

✔ _____________________________   ✔ _____________________________

CONCERNS	RECOMMENDATIONS

COMMENTS:

____

____

NEXT SESSION TOPIC:

✔ _____________________________   ✔ _____________________________

✔ _____________________________   ✔ _____________________________

✔ _____________________________   ✔ _____________________________

NEXT SESSION DATE: ____/____/____   **END TIME:** ____:____

DATE: ___/___/___   **START TIME:** ___:___   **SESSION NO:** ______

CLIENT NAME: ____

OBJECTIVE: ____

SESSION TALKING POINTS	KEY POINTS FROM PREVIOUS SESSION

NOTES: ____

CONCERNS	RECOMMENDATIONS

NEXT SESSION DATE: ___/___/___   END TIME: ___:___

DATE: ___ / ___ / ___   **START TIME:** ___ : ___   **SESSION NO:** _______

CLIENT NAME: ____

OBJECTIVE: ____

SESSION TALKING POINTS	KEY POINTS FROM PREVIOUS SESSION

NOTES: ____

____

____

____

____

____

____

____

____

____

____

____

____

CONCERNS	RECOMMENDATIONS

 ___/___/___   ___:___

DATE: ___ / ___ / ___   **START TIME:** ___ : ___   **SESSION NO:** _______

CLIENT NAME: ____

OBJECTIVE: ____

SESSION TALKING POINTS	KEY POINTS FROM PREVIOUS SESSION

NOTES: ____

____

____

____

____

____

____

____

____

____

____

____

CLIENT ACTIONS:

✔ _______________________
✔ _______________________
✔ _______________________

CONCERNS	RECOMMENDATIONS

COMMENTS:

NEXT SESSION TOPIC:

✔ _______________________
✔ _______________________
✔ _______________________

NEXT SESSION DATE: ___/___/___   **END TIME:** ___:___

DATE: ___ / ___ / ___   **START TIME:** ___ : ___   **SESSION NO:** ________

CLIENT NAME: ____

OBJECTIVE: ____

SESSION TALKING POINTS	KEY POINTS FROM PREVIOUS SESSION

NOTES: ____
____
____
____
____
____
____
____
____
____
____
____
____

NOTES:

CLIENT ACTIONS:

| CONCERNS | RECOMMENDATIONS |

COMMENTS:

NEXT SESSION TOPIC:

NEXT SESSION DATE: ___/___/___

END TIME: ___:___

DATE: ___/___/___ **START TIME:** ___:___ **SESSION NO:** _______

CLIENT NAME: ____

OBJECTIVE: ____

SESSION TALKING POINTS	KEY POINTS FROM PREVIOUS SESSION

NOTES: ____

____

____

____

____

____

____

____

____

____

____

____

CONCERNS	RECOMMENDATIONS

DATE: ___ / ___ / ___   **START TIME:** ___ : ___   **SESSION NO:** _______

CLIENT NAME: ____

OBJECTIVE: ____

SESSION TALKING POINTS	KEY POINTS FROM PREVIOUS SESSION

NOTES: ____
____
____
____
____
____
____
____
____
____
____
____
____
____

CLIENT ACTIONS:

✔ ______________________
✔ ______________________
✔ ______________________

CONCERNS	RECOMMENDATIONS

COMMENTS:

NEXT SESSION TOPIC:

✔ ______________________
✔ ______________________
✔ ______________________

NEXT SESSION DATE: ___/___/___   **END TIME:** ___:___

DATE: ___/___/___   **START TIME:** ___:___   **SESSION NO:** ________

CLIENT NAME: ____

OBJECTIVE: ____

SESSION TALKING POINTS	KEY POINTS FROM PREVIOUS SESSION

NOTES: ____

CONCERNS	RECOMMENDATIONS

DATE: ___ / ___ / ___   **START TIME:** ___ : ___   **SESSION NO:** _______

CLIENT NAME: ____

OBJECTIVE: ____

SESSION TALKING POINTS	KEY POINTS FROM PREVIOUS SESSION

NOTES: ____

NOTES: ____

____

____

____

____

____

CLIENT ACTIONS:

✔ _______________________   ✔ _______________________

✔ _______________________   ✔ _______________________

✔ _______________________   ✔ _______________________

CONCERNS	RECOMMENDATIONS

COMMENTS:

____

____

NEXT SESSION TOPIC:

✔ _______________________   ✔ _______________________

✔ _______________________   ✔ _______________________

✔ _______________________   ✔ _______________________

NEXT SESSION DATE: ____/____/____   **END TIME:** ____:____

DATE: ___/___/___   **START TIME:** ___:___   **SESSION NO:** ________

CLIENT NAME: ____

OBJECTIVE: ____

SESSION TALKING POINTS	KEY POINTS FROM PREVIOUS SESSION

NOTES: ____

CLIENT ACTIONS:

- ✔ _______________________
- ✔ _______________________
- ✔ _______________________

- ✔ _______________________
- ✔ _______________________
- ✔ _______________________

CONCERNS	RECOMMENDATIONS

COMMENTS:

NEXT SESSION TOPIC:

- ✔ _______________________
- ✔ _______________________
- ✔ _______________________

- ✔ _______________________
- ✔ _______________________
- ✔ _______________________

NEXT SESSION DATE: ____/____/____   **END TIME:** ____:____

DATE: ___ / ___ / ___   **START TIME:** ___ : ___   **SESSION NO:** _______

CLIENT NAME: ____

OBJECTIVE: ____

SESSION TALKING POINTS	KEY POINTS FROM PREVIOUS SESSION

NOTES: ____

CONCERNS	RECOMMENDATIONS

DATE: ___/___/___   **START TIME:** ___:___   **SESSION NO:** _______

CLIENT NAME: ____

OBJECTIVE: ____

SESSION TALKING POINTS	KEY POINTS FROM PREVIOUS SESSION

NOTES: ____

NOTES:

CLIENT ACTIONS:

✔ ________________________________

✔ ________________________________

✔ ________________________________

✔ ________________________________

✔ ________________________________

✔ ________________________________

CONCERNS	RECOMMENDATIONS

COMMENTS:

NEXT SESSION TOPIC:

✔ ________________________________

✔ ________________________________

✔ ________________________________

✔ ________________________________

✔ ________________________________

✔ ________________________________

NEXT SESSION DATE: ____/____/____

END TIME: ____:____

DATE: ___/___/___   **START TIME:** ___:___   **SESSION NO:** _______

CLIENT NAME: ____

OBJECTIVE: ____

SESSION TALKING POINTS	KEY POINTS FROM PREVIOUS SESSION

NOTES: ____

____

____

____

____

____

____

____

____

____

____

____

NOTES:

CLIENT ACTIONS:

CONCERNS

RECOMMENDATIONS

COMMENTS:

NEXT SESSION TOPIC:

NEXT SESSION DATE: ___/___/___

END TIME: ___:___

DATE: ___/___/___   **START TIME:** ___:___   **SESSION NO:** ________

CLIENT NAME: ____

OBJECTIVE: ____

SESSION TALKING POINTS	KEY POINTS FROM PREVIOUS SESSION

NOTES: ____

CONCERNS	RECOMMENDATIONS

DATE: ___/___/___   **START TIME:** ___:___   **SESSION NO:** ________

CLIENT NAME: ____

OBJECTIVE: ____

SESSION TALKING POINTS	KEY POINTS FROM PREVIOUS SESSION

NOTES: ____

CONCERNS	RECOMMENDATIONS

DATE: ___ / ___ / ___   **START TIME:** ___ : ___   **SESSION NO:** ________

CLIENT NAME: ____

OBJECTIVE: ____

SESSION TALKING POINTS	KEY POINTS FROM PREVIOUS SESSION

NOTES: ____
____
____
____
____
____
____
____
____
____
____
____

CONCERNS	RECOMMENDATIONS

DATE: ___ / ___ / ___   **START TIME:** ___ : ___   **SESSION NO:** ________

CLIENT NAME: ____

OBJECTIVE: ____

SESSION TALKING POINTS	KEY POINTS FROM PREVIOUS SESSION

NOTES: ____

CONCERNS	RECOMMENDATIONS

NEXT SESSION DATE: ____ / ____ / ____   **END TIME:** ____ : ____

DATE: ___/___/___   **START TIME:** ___:___   **SESSION NO:** _______

CLIENT NAME: ____

OBJECTIVE: ____

SESSION TALKING POINTS	KEY POINTS FROM PREVIOUS SESSION

NOTES: ____

CONCERNS	RECOMMENDATIONS

CLIENT NAME: ____

OBJECTIVE: ____

SESSION TALKING POINTS	KEY POINTS FROM PREVIOUS SESSION

NOTES: ____

NOTES: ____

____

____

____

____

____

CLIENT ACTIONS:

✔ _________________________ ✔ _________________________

✔ _________________________ ✔ _________________________

✔ _________________________ ✔ _________________________

CONCERNS	RECOMMENDATIONS

COMMENTS:

____

____

NEXT SESSION TOPIC:

✔ _________________________ ✔ _________________________

✔ _________________________ ✔ _________________________

✔ _________________________ ✔ _________________________

NEXT SESSION DATE: ____ / ____ / ____   **END TIME:** ____ : ____

DATE: ___ / ___ / ___   **START TIME:** ___ : ___   **SESSION NO:** _______

CLIENT NAME: ____

OBJECTIVE: ____

SESSION TALKING POINTS	KEY POINTS FROM PREVIOUS SESSION

NOTES: ____
____
____
____
____
____
____
____
____
____
____
____
____

NOTES:

CLIENT ACTIONS:
- ✔
- ✔
- ✔
- ✔
- ✔
- ✔

CONCERNS	RECOMMENDATIONS

COMMENTS:

NEXT SESSION TOPIC:
- ✔
- ✔
- ✔
- ✔
- ✔
- ✔

NEXT SESSION DATE: ___ / ___ / ___

END TIME: ___ : ___

DATE: ___ / ___ / ___   START TIME: ___ : ___   SESSION NO: ______

CLIENT NAME: ____

OBJECTIVE: ____

SESSION TALKING POINTS	KEY POINTS FROM PREVIOUS SESSION

NOTES: ____

____

____

____

____

____

____

____

____

____

____

____

____

____

____

✔ _______________________________   ✔ _______________________________

✔ _______________________________   ✔ _______________________________

✔ _______________________________   ✔ _______________________________

CONCERNS	RECOMMENDATIONS

✔ _______________________________   ✔ _______________________________

✔ _______________________________   ✔ _______________________________

✔ _______________________________   ✔ _______________________________

NEXT SESSION DATE: ____/____/____   **END TIME:** ____:____

DATE: ___ / ___ / ___   **START TIME:** ___ : ___   **SESSION NO:** ________

CLIENT NAME: ____

OBJECTIVE: ____

SESSION TALKING POINTS	KEY POINTS FROM PREVIOUS SESSION

NOTES: ____

CONCERNS	RECOMMENDATIONS

DATE: ___ / ___ / ___   **START TIME:** ___ : ___   **SESSION NO:** ________

CLIENT NAME: ____

OBJECTIVE: ____

SESSION TALKING POINTS	KEY POINTS FROM PREVIOUS SESSION

NOTES: ____
____
____
____
____
____
____
____
____
____
____
____
____

CONCERNS	RECOMMENDATIONS

NEXT SESSION DATE: ___/___/___   **END TIME:** ___:___

DATE: ___/___/___   START TIME: ___:___   SESSION NO: ________

CLIENT NAME: ____

OBJECTIVE: ____

SESSION TALKING POINTS	KEY POINTS FROM PREVIOUS SESSION

NOTES: ____
____
____
____
____
____
____
____
____
____
____
____
____

CONCERNS	RECOMMENDATIONS

NEXT SESSION DATE: ___/___/___   **END TIME:** ___:___

DATE: ___/___/___   **START TIME:** ___:___   **SESSION NO:** _______

CLIENT NAME: ____

OBJECTIVE: ____

SESSION TALKING POINTS	KEY POINTS FROM PREVIOUS SESSION

NOTES: ____

____

____

____

____

____

____

____

____

____

____

____

____

CONCERNS	RECOMMENDATIONS

NEXT SESSION DATE: ____/____/____   END TIME: ____:____

DATE: ___/___/___   **START TIME:** ___:___   **SESSION NO:** _______

CLIENT NAME: ____

OBJECTIVE: ____

SESSION TALKING POINTS	KEY POINTS FROM PREVIOUS SESSION

NOTES: ____

✔ __________________________   ✔ __________________________
✔ __________________________   ✔ __________________________
✔ __________________________   ✔ __________________________

CONCERNS	RECOMMENDATIONS

✔ __________________________   ✔ __________________________
✔ __________________________   ✔ __________________________
✔ __________________________   ✔ __________________________

NEXT SESSION DATE: ____ / ____ / ____   **END TIME:** ____ : ____

DATE: ___ / ___ / ___　　　**START TIME:** ___ : ___　　　**SESSION NO:** _______

CLIENT NAME: ____

OBJECTIVE: ____

SESSION TALKING POINTS	KEY POINTS FROM PREVIOUS SESSION

NOTES: ____

____

____

____

____

____

____

____

____

____

____

____

____

CONCERNS	RECOMMENDATIONS

DATE: ___ / ___ / ___   START TIME: ___ : ___   SESSION NO: _________

CLIENT NAME: ____

OBJECTIVE: ____

SESSION TALKING POINTS	KEY POINTS FROM PREVIOUS SESSION

NOTES: ____

NOTES:

CLIENT ACTIONS:

- ✔ _______________________________
- ✔ _______________________________
- ✔ _______________________________

- ✔ _______________________________
- ✔ _______________________________
- ✔ _______________________________

CONCERNS	RECOMMENDATIONS

COMMENTS:

NEXT SESSION TOPIC:

- ✔ _______________________________
- ✔ _______________________________
- ✔ _______________________________

- ✔ _______________________________
- ✔ _______________________________
- ✔ _______________________________

NEXT SESSION DATE: ____/____/____   **END TIME:** ____:____